Das bedeuten die Symbole auf den Karten:

Hier brauchst du die Hilfe eines Erwachsenen.

Hier ist besondere Vorsicht geboten.

Für diese Experimente brauchst du Sonnenschein.

Diese Experimente funktionieren nur im Frühling.

Diese Experimente funktionieren nur im Herbst.

Diese Experimente funktionieren nur bei Schnee und Eis.

Impressum

Die Experimente in diesem Kartenset sind von der Autorin und dem Verlag sorgfältig erwogen und geprüft worden. Dennoch kann eine Garantie nicht übernommen werden. Eine Haftung des Verlags für Personen-, Sach- und Vermögensschäden ist ausgeschlossen.

1. Auflage 2022

moses. Verlag GmbH
Arnoldstraße 13d
47906 Kempen

Fon 02152 – 20 98 50
Fax 02152 – 20 98 60

Mail: info@moses-verlag.de
www.moses-verlag.de

ISBN: 978-3-96455-191-7

Autorin: Anita van Saan
Illustratorin: Lisa Apfelbacher
Layout und Satz: Melanie Dahmen
Redaktion: Geesche Oetken

Printed in China

Mit PhänoMINT kommst du selbst zum Zug! Erprobe mit den spannenden Büchern, Kartensets und Spielzeugen die Welt der Mathematik, Informatik, Naturwissenschaft und Technik. Denn nur wer selbst Dinge ausprobieren kann, begreift, wie die Welt funktioniert!

PHÄNOMINT – DAS BEDEUTET:

- PHÄNOMENALE EXPERIMENTE FÜR SCHULKINDER
- MATHE, INFORMATIK, NATURWISSENSCHAFT & TECHNIK SPIELERISCH LEICHT VERMITTELT
- KLEINE EXPERIMENTE – GROSSES AHA!
- WISSEN. FORSCHEN. STAUNEN.

Die Autorin

Anita van Saan studierte nach dem Abitur zunächst einige Semester an der Kunstakademie Stuttgart, entschied sich aber dann für ein naturwissenschaftliches Studium. Heute arbeitet sie hauptberuflich als Biologin und schreibt nebenberuflich Kinder- und Sachbücher. Die Autorin lebt mit ihrer Familie in München.

Die Illustratorin

Lisa Apfelbacher, geboren 1978, studierte Forstwissenschaften an der Universität Freiburg und Wissenschaftsillustration an der University of California, USA. Seit 2007 arbeitet sie als freiberufliche Illustratorin v.a. für Schul- und Sachbuchverlage sowie Wissenschaftsmagazine. Lisa Apfelbacher lebt mit ihrer Familie in der Nähe von Köln.

PhänoMINT Outdoor-Experimente
ISBN 978-3-96455-088-0
(D) 9,95 €, (A) 10,30 €

Wissenschaft nebenbei beim Spielen erfahren
Was braucht ein Boot, um möglichst zügig und ohne zu Kentern den Fluss hinabzuströmen? Und warum wird man besser gehört, wenn man durch ein Megafon ruft? Mit den PhänoMINT Outdoor-Experimenten erleben Kinder naturwissenschaftliche Phänomene in der Natur. So macht Naturwissenschaft richtig Spaß!

Willkommen in diesem Kartenset!

Hier findest du 75 Experimente oder Forschungsaufgaben, mit denen du draußen eine schöne Zeit haben kannst. Dabei kannst du eine Menge über unsere Natur und ihre Gesetze erfahren. Beobachte, wie Pflanzen wachsen und wie Hummeln ihre Nester bauen. Erforsche, wie ein Hagelkorn zusammengesetzt ist. Oder baue deinen eigenen Regenmesser, um die Niederschlagsmengen bei dir vor der Haustür zu bestimmen. Wenn du gut beobachtest und deine Ergebnisse notierst, bist du selbst schon bald eine Wissenschaftlerin oder ein Wissenschaftler. Gib dabei immer auf dich und deine Umgebung Acht.

Bei manchen Experimenten brauchst du auch die Hilfe eines Erwachsenen. Andere Experimente lassen sich nur während einer bestimmten Jahreszeit oder nur bei Sonnenschein ausführen – achte darum immer auf die Symbole oben rechts auf der Karte. Sie geben dir entsprechende Hinweise. Die meisten Experimente aber funktionieren zu jeder Jahreszeit und bei jedem Wetter.

Viel Spaß beim Experimentieren und Entdecken!

PHÄNOMINT
WISSEN • FORSCHEN • STAUNEN
75
supercoole
Experimente
für
draußen
moses.

Warum denn das?

Die Zentrifugalkraft (Fliehkraft) wirkt auf Flüssigkeiten genauso wie auf feste Körper. Sie presst das Wasser im Eimer gegen den Eimerboden. Sogar bei langsamen Schleuderbewegungen ist die Zentrifugalkraft stärker als die Gravitationskraft.
Deshalb kann das Wasser nicht herausfließen.

Eimerkarussell

Du brauchst:

- 1 Plastikeimer mit Henkel
- Wasser

Und so wird's gemacht:

1. Fülle den Eimer halbvoll mit Wasser.
2. Schwinge ihn in einem großen Kreis herum, wie in der Abbildung gezeigt.

Was wird geschehen?

Obwohl der Eimer bei der Kreisbewegung kurzzeitig mit der Öffnung nach unten gerichtet ist, schwappt das Wasser nicht heraus.

Warum denn das?

Die Sandoberfläche ist nicht fest, sondern beweglich. Fällt ein Gegenstand auf die Sandfläche, wird die Kraft des Falls von den Teilchen der Oberfläche absorbiert, die sie dann nutzen, um sich bewegen zu können. Je höher die Fallhöhe des Balls ist, desto höher ist seine Fallgeschwindigkeit und desto stärker die Kraft, mit der er den Sand bewegt.

Sandball

Du brauchst:

- 1 Gummiball
- 1 Sandfläche (z.B. Sandkasten, Sandstrand)

Und so wird's gemacht:

Lasse den Ball aus unterschiedlichen Höhen (z. B. Augenhöhe, Halshöhe, Kniehöhe) auf eine Sandfläche fallen.

Was wird geschehen?

Der Ball sinkt im Sand ein und bleibt liegen. Je größer die Fallhöhe ist, desto tiefer sinkt er ein.

Was wird geschehen?

Mit dem Teleskop siehst du den Mond vergrößert. Das Bild ist seitenverkehrt.

Warum denn das?

Die vom Mond ausgehenden Lichtstrahlen sammeln sich zuerst in der festgeklebten Lupe und lassen im Rohr ein seitenverkehrtes Bild entstehen. Die zweite Lupe vergrößert dieses Bild.

Verkehrte Welt

Du brauchst:

- 2 Lupen
- 2 Papprohre (eines etwas geringer im Durchmesser als das andere)
- Klebeband
- 1 Mondnacht

Und so wird's gemacht:

1. Stecke die schmalere Pappröhre ein Stück weit in die andere.
2. Befestige eine Lupe an einem Ende der Röhre mit Klebeband.
3. Gehe raus und richte dein gebasteltes Teleskop auf den Mond. Schaue durch die festgeklebte Lupe in das Rohr und halte die zweite Lupe vor das andere (von dir entfernte) Ende des Rohrs.
4. Verlängere oder verkürze das Rohr und bewege die zweite Lupe, bis das Bild scharf ist.

Was wird geschehen?

In das kurze Ende des Strohhalms steigt Wasser auf und verteilt sich wie ein Spray in der Luft.

Warum denn das?

Beim Blasen in das lange Ende des Strohhalms strömt ein Luftzug über das kurze Ende hinweg. Der Luftdruck an der Schnittstelle des Strohhalms wird weniger. Der normale Luftdruck darunter presst Wasser durch den Strohhalm nach oben, sodass dann von der Luftbewegung feine Tröpfchen in die Luft verteilt werden.

Der Rasensprenger in der Flasche

Du brauchst:

- 1 Strohhalm
- 1 kleine Glas- oder Plastikflasche, mit Wasser gefüllt
- 1 Schere

Und so wird's gemacht:

1. Fülle die Glasflasche voll mit Wasser.
2. Schneide den Strohhalm ca. 5 cm von einem Ende entfernt ein und knicke ihn wie in der Abbildung ab.
3. Stecke den Halm mit dem kurzen Ende in die Flasche. Die Schnittstelle muss sich ungefähr 6 mm über der Wasseroberfläche befinden.
4. Blase kräftig in das lange Ende des Strohhalms.

Warum denn das?

Dieselbe Kraft beschleunigt einen leichteren Ball schneller als eine schwere Kugel.

Rollduell

Du brauchst:

- 1 Gummiball
- 1 Kugel (aus Eisen)

Und so wird's gemacht:

Stoße zuerst den Ball, dann die Kugel mit gleicher Kraft an und lasse sie über den Boden rollen.

Was wird geschehen?

Der Ball rollt schnell, die Kugel langsamer.

Warum denn das?

Blumen sind krautige Pflanzen, die sich in drei Teile untergliedern lassen: Wurzel, Spross und Blüte. Die Wurzel dient der Verankerung im Boden und der Aufnahme von Wasser und Nährsalzen. Die Blätter enthalten den grünen Blattfarbstoff Chlorophyll und stellen durch Fotosynthese die Nahrung der Pflanze her. Die Blüte enthält die Fortpflanzungsorgane der Blume mit den Samenanlagen. Der Spross einer Pflanze hat die Aufgabe, sie zu stützen und Wasser und Nährstoffe zu transportieren.

Tulpenpracht

Du brauchst:

- 1 Narzisse, Tulpe oder Anemone (möglichst mit Wurzel)
- 1 Lupe

Und so wird's gemacht:

Betrachte die Blumen unter der Lupe.

Was wird geschehen?

Du erkennst deutlich Spross, Blätter, Blüten und Wurzeln.

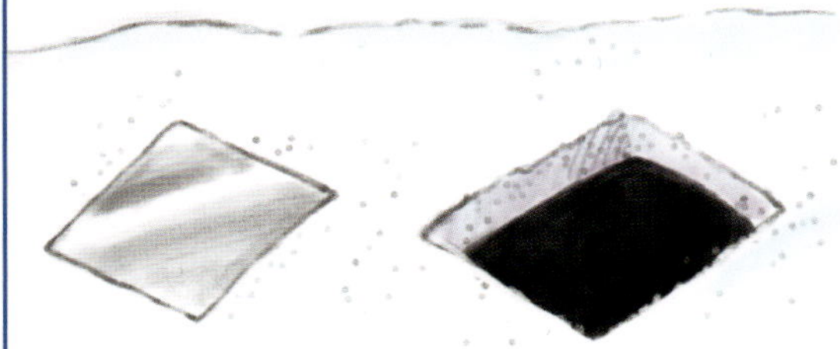

Warum denn das?

Die dunkle Pappe hat das Licht absorbiert (d.h. aufgefangen, „geschluckt“) und in Wärme umgewandelt, sodass der Schnee darunter geschmolzen ist. Die Alufolie auf dem anderen Pappdeckel hat das Licht reflektiert (d.h. abprallen lassen, „zurückgeschickt“), bevor es sich in Wärme umwandeln konnte. Frischer Schnee kann das Sonnenlicht zu 80 % reflektieren, Sand- und Grünflächen zu 20 %. Wasser hat dagegen mit 10 % ein sehr geringes Reflexionsvermögen.

Schneeschmelze

Du brauchst:

- Sonnenschein
- Schnee
- 2 Stück Pappe, gleich groß
- schwarzes Papier
- Alufolie
- Klebstoff

Und so wird's gemacht:

1. Beklebe das eine Stück Pappe mit Alufolie, das andere mit schwarzem Papier.
2. Lege bei Sonnenschein beide Pappstücke nebeneinander auf den Schnee.

Was wird geschehen?

Der schwarze Pappdeckel sinkt tiefer in den Schnee ein als der mit Alufolie beklebte.

Warum denn das?

Das eigentlich durchsichtige Licht sieht manchmal weißlich aus, besteht aber aus unterschiedlicher Wellenlänge und damit unterschiedlicher Farbe. Das Glas Wasser kann Licht umlenken (brechen) und das in ihm enthaltene Farbspektrum sichtbar machen. So entsteht ein siebenfarbiger Regenbogen.

Die Farben des Lichts

Du brauchst:

- 1 Blatt Papier
- 1 Trinkglas, mit Wasser halb gefüllt

Und so wird's gemacht:

1. Lege das Papier auf den von der Sonne beschienenen Boden.
2. Nimm das Glas Wasser und halte es direkt ins Sonnenlicht in einem Abstand von 7-10 cm über das Papier.

Was wird geschehen?

Auf dem Papier erscheinen die Farben des Regenbogens.

Was wird geschehen?

Nach einiger Zeit kocht das Wasser, und nach vier Minuten Kochzeit ist aus dem rohen Ei ein weichgekochtes, essbares Ei geworden.

Warum denn das?

Im Kochtopf werden die von den Spiegeln abgestrahlten Sonnenstrahlen gebündelt und erzeugen eine so starke Hitze, dass sie das vorgewärmte Wasser zum Kochen bringen.

Der reflektierende Koch

Du brauchst:

- Alufolie
- 20 alte Spielkarten
- 1 Topf, mit warmem Wasser gefüllt
- 1 rohes Ei

Und so wird's gemacht:

1. Wickle um die Spielkarten Alufolie mit der glänzenden Seite nach außen. Achte darauf, dass die „Spiegel“ glatt sind und die Alufolie keine Falten aufweist.
2. Platziere den mit warmem Wasser gefüllten Topf draußen am Boden in der prallen Sonne.
3. Stelle die „Spiegel“ so auf, dass die von ihnen reflektierten Sonnenstrahlen in den Topf fallen, wie in der Abbildung gezeigt.
4. Lege das rohe Ei in den Topf.

Was wird geschehen?

Der Schatten wandert im Lauf der Zeit. Zu jeder Stunde ist er an einer anderen Stelle. Die Schatten, die du mit dem Bleistift nachzeichnest, sind strahlenförmig um das Stöckchen angeordnet.

Warum denn das?

Die Erde dreht sich mit konstanter Geschwindigkeit um die Sonne. Dadurch scheint sich die Sonne zu bewegen und ihren Stand zu verändern. Mittags steht sie hoch am Himmel, abends und morgens tief. Mit dem Sonnenstand verändert sich die Position des Schattens.

Sonnenuhr

Du brauchst:

- Pappe
- Schere
- 1 Zirkel
- 1 Nagel
- 1 Bleistift
- 1 ca. 25 cm langen Stock
- 1 Uhr

Und so wird's gemacht:

1. Schneide einen mit dem Zirkel gezeichneten Kreis (Durchmesser 20 cm) aus. Piekse in die Mitte ein Loch.
2. Lege die Scheibe an einen sonnigen Platz und stecke den Stock durch das Loch.
3. Markiere den Schatten des Stocks immer dann, wenn die Uhr eine volle Stunde zeigt. Schreibe die Uhrzeit immer dazu.

Wasser das andere Endstück erreicht.

6. Vergleiche die Temperatur des Schlauchwassers mit dem des Leitungswassers.

Was wird geschehen?

Das Wasser im Schlauch ist erheblich wärmer als das Wasser in der Flasche.

Warum denn das?

Die Alufolie fängt die Sonnenenergie ein und erwärmt das Wasser im Schlauch.

Gefangene Sonnenenergie

Du brauchst:

- mind. 2 m durchsichtigen, elastischen Schlauch
- 1 Gummiring
- 1 Einmachglas
- Alufolie
- 1 Flasche Leitungswasser

Und so wird's gemacht:

1. Wickle den Schlauch wie eine Ziehharmonika zusammen. Lass an beiden Enden nur ein ca. 60 cm langes Stück frei. Fixiere den zusammengerollten Schlauch mit einem Gummiband und stecke ihn in das Glas.
2. Lege Alufolie auf das Glas und drücke sie am Schlauch fest.
3. Stelle es draußen länger in die Sonne.
4. Stelle die Flasche daneben, stecke ein Schlauchende in die Flasche und lasse das andere herunterhängen.
5. Sauge am freien Schlauchende, bis das

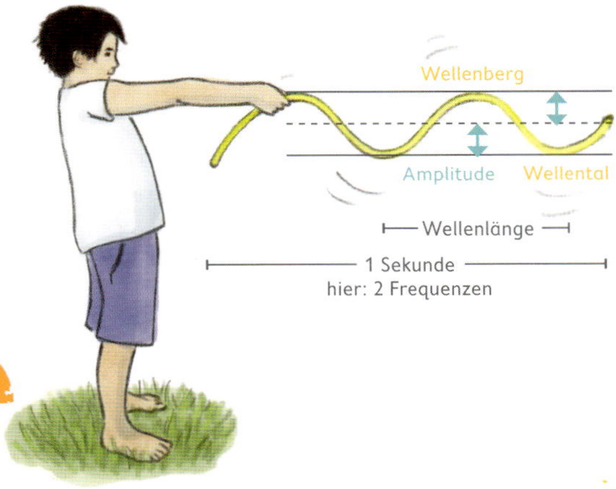

Warum denn das?

Eine Wellenbewegung überträgt Energie in regelmäßigen Schwingungen. An den Punkten der stärksten Auslenkung bilden sich Berge und Täler. Je stärker deine Bewegung ist, desto größer ist die so genannte Amplitude (d.h. die Schwingungsweite) der Welle.

Berg- und Talbahn

Du brauchst:

- 1 langes Seil oder 1 Gartenschlauch

Und so wird's gemacht:

Drehe das Handgelenk schnell und bewege so das Seil bzw. den Gartenschlauch auf und ab.

Was wird geschehen?

Das Seil fängt an zu schwingen, es bewegt sich wellenförmig. Die Welle hat Berge und Täler, die in regelmäßigen Abständen aufeinander folgen.

Warum denn das?

Die gleiche Menge Sand, die bei lockerer Schüttung den Eimer gefüllt hat, nimmt nach dem Rütteln einen kleineren Raum ein, ein kleineres Volumen. Der Sand liegt jetzt dichter.

Dichte-Rätsel

Du brauchst:

- 1 Eimer Sand

Und so wird's gemacht:

1. Fülle den Eimer randvoll mit Sand.
2. Rüttle den Eimer und klopfe mehrmals kräftig an seine Außenwand.

Was wird geschehen?

Der Eimer ist nach dem Rütteln nicht mehr ganz voll.

Warum denn das?

Wind beschleunigt die Verdunstung, weil die feuchte Luft weggeblasen und danach sofort durch trockene ersetzt wird. Du kennst das sicher! Wenn du dir die Haare fönst, sind sie viel schneller trocken als an der Luft. Der Fön macht also „künstlichen Wind“, um deine Haare trocken zu pusten.

Wäschetrockner

Du brauchst:

- 1 Wäscheleine
- 2 nasse Waschlappen
- 1 Plastikeimer
- windiges Wetter

Und so wird's gemacht:

1. Hänge einen der beiden nassen Waschlappen an die Wäscheleine und lasse den Wind darauf blasen.
2. Den anderen Waschlappen steckst du in einen Plastikeimer und stellst ihn in eine windgeschützte Ecke.

Was wird geschehen?

Der Waschlappen an der Wäscheleine, der ständig vom Wind angeblasen wird, ist sehr viel schneller trocken als der im Plastikeimer.

Was wird geschehen?

Nach einiger Zeit hat sich Regenwasser in deinem Messgefäß angesammelt.

Warum denn das?

Der Regen fällt in die Flasche. An deiner Messskala kannst du ablesen, wie groß die Niederschlagsmenge an dieser Stelle an einem Tag, in einer Woche, in einem Monat bzw. in mehreren Monaten ist.

Regenmesser

Du brauchst:

- Messbecher
- 1 hohes, durchsichtiges Plastikgefäß
- 1 Trichter, im Durchmesser passend zum Plastikgefäß
- 1 Schere
- 1 Lineal
- 1 wasserfesten Filzstift

Und so wird's gemacht:

1. Miss mit dem Messbecher 50 ml Wasser ab und gieße es in das Plastikgefäß.
2. Markiere den Wasserstand außen an der Wand des Plastikgefäßes mit dem Filzstift.
3. Wiederhole die Arbeitsschritte 1 und 2 mehrmals, bis das Gefäß voll ist.
4. Gieße das Wasser aus dem Plastikgefäß und stecke einen passenden Trichter darauf.
5. Stelle das Gefäß mit dem Trichter ins Freie, an eine Stelle, die bei Regen nass wird.

Warum denn das?

Wenn sich ein Gegenstand auf einer Kreisbahn bewegt, zieht ihn die Zentrifugalkraft nach außen. Du selbst musst ziehen, d. h. die Zentripetalkraft aufbringen, um den Stein auf der Kreisbahn zu halten.

Steinschleuder

Du brauchst:

- 1 langen Bindfaden
- 1 Stein (Eigröße) oder 1 Jojo

Und so wird's gemacht:

1. Binde den Bindfaden sorgfältig am Stein fest.
2. Schleudere den an der Schnur hängenden Stein oder das Jojo über deinem Kopf im Kreis herum. Sei dabei vorsichtig, damit du nicht versehentlich jemanden oder gar dich selbst verletzt!

Was wird geschehen?

Der Stein scheint an der Hand, die den Faden hält, zu ziehen. Je schneller du den Stein kreisen lässt, desto stärker zieht er.

Blumentopfs vor Regen geschützt ist.

5. Beobachte deinen „Nistplatz“ regelmäßig.

Was wird geschehen?

Mit etwas Glück werden Hummeln oder andere bodenbrütende Wildbienen herbeifliegen und sich in dem Erdloch ein Nest bauen.

Warum denn das?

Drei Viertel aller heimischen nestbauenden Wildbienenarten nisten im Erdboden. Hummeln bauen dabei keine Waben, sondern tönnchenartige Zellen für Pollen, Blütensaft und die Eier, aus denen später die Larven schlüpfen. Der Blumentopf schützt sie vor Fressfeinden (z.B. Vögeln).

Eine Wohnung für Hummeln

Du brauchst:

- 1 kleinen Blumentopf mit Loch am Boden
- Sägespäne
- 4 kleine Steine oder Korken
- 1 Platte aus Holz oder Plastik

Und so wird's gemacht:

1. Grabe (im Frühling oder Frühsommer) an einem sonnigen Platz im Garten, am besten in der Nähe blühender Pflanzen, ein Loch in die Erde und bedecke den Boden des Lochs mit Sägespänen.
2. Stelle den Blumentopf mit der Öffnung nach unten in das Loch.
3. Bedecke den Blumentopf seitlich wieder mit Erde, sodass der Blumentopf ebenerdig eingegraben ist, wie in der Abbildung gezeigt.
4. Lege vier Steine um den Blumentopf oder grabe vier Korken ein. Lege die Holzplatte auf die Steine bzw. Korken, sodass das Loch des

Warum denn das?

Ameisen haben mit ihren Fühlern ein sehr gutes Geruchs-, Tast-, Spür- und „Sprach"-Organ. Auch der Geschmackssinn ist bei ihnen sehr gut entwickelt. Ständig auf der Suche nach Nahrung, transportieren die Ameisen deinen Zucker ab.

Ameisenstraße

Du brauchst:

- Würfelzucker
- Wasser
- 1 Bogen Pappe
- 4 Steine
- 1 Lupe

Und so wird's gemacht:

1. Befeuchte den Würfelzucker mit Wasser und male mit ihm eine Zuckerspur auf die Pappe.
2. Lege die Pappe auf ein Waldstück in die Nähe eines Ameisenhaufens und beschwere die Ecken mit Steinen.

Was wird geschehen?

Die Ameisen versammeln sich auf deiner „Duftstraße". Mit der Lupe kannst du noch genauer beobachten, was sie machen.

Warum denn das?

Beim Pusten umschließt die Seifenlauge die Luft und bildet eine Blase. Der Zucker in der Seifenlauge macht die Blase haltbarer, denn er verhindert das schnelle Verdunsten des Wassers und damit das vorzeitige Platzen der Seifenblase.

Super-Seifenblasenlauge

Du brauchst:

- 1 Esslöffel Spülmittel
- 1/2 Tasse Wasser
- 1 Prise Zucker
- 1 Strohhalm

Und so wird's gemacht:

1. Fülle das Spülmittel in die Tasse und mische das Wasser gut durch.
2. Füge eine Prise Zucker dazu.
3. Tauche das untere Ende des Strohhalms in die Seifenlauge und puste in das obere hinein.

Was wird geschehen?

Es entsteht eine kleine Seifenblase.

Was wird geschehen?

Aus der Flaschenöffnung strömt eine farbige Flüssigkeit, der „Vulkan" bricht aus.

Warum denn das?

Wenn Essig und Natronlauge zusammengeschüttet werden, entsteht Kohlendioxid. Dieses Gas presst die farbige Flüssigkeit aus der Flasche.

Vulkanausbruch

Du brauchst:

- 1 große, flache Schale
- Sand
- Kies
- Essig
- Natron
- 1 Trichter
- Lebensmittelfarbe
- 2 kleine Plastik- oder Glasflaschen

Und so wird's gemacht:

1. Vermische in einer Flasche den Essig mit etwas Lebensmittelfarbe.
2. Fülle mit Hilfe eines Trichters die andere Plastikflasche bis zur Hälfte mit Natron.
3. Stelle die mit Natron halb gefüllte Flasche in die Mitte der Schale.
4. Schichte um die Flasche zuerst Kies und dann feuchten Sand auf, sodass das Ganze wie ein Vulkankegel aussieht und nur die Öffnung der Flasche frei bleibt.
5. Gieße vorsichtig etwas Farbessig in die Flasche.

Was wird geschehen?

Das Wasser, das vom Bodenmaterial in den Blumentöpfen nicht festgehalten wird, läuft durch das Abflussloch des Blumentopfs und sammelt sich im Marmeladenglas. Dabei speichern die verschiedenen Böden unterschiedlich gut Wasser.

Warum denn das?

Boden, der vor allem aus Grobsand besteht, kann nur wenig Wasser halten. Schluffböden verlieren ihr Wasser dagegen nur langsam, denn ihre Bodenporen sind so eng, dass ihre Wasserleitfähigkeit gering ist.

Wasserbremse

Du brauchst:

- 3 verschiedene Bodenproben (z. B. Sand, Lehm, Blumenerde)
- 3 kleine Blumentöpfe (Durchmesser ca. 10 cm)
- 3 leere, saubere Marmeladengläser
- 1 Messbecher

Und so wird's gemacht:

1. Fülle die trockenen Bodenproben in jeweils einen Blumentopf.
2. Stelle jeden Blumentopf auf jeweils ein Marmeladenglas.
3. Miss mit dem Messbecher drei Mal hintereinander 100 ml Wasser ab und schütte es jeweils in einen Blumentopf.

Warum denn das?

In den Tonscherben befindet sich ein Gas, der Sauerstoff. Im Wasser wird der aus den Scherben entweichende Sauerstoff in Form von Gasbläschen sichtbar. Auch in porösem Gestein, in den winzigen Räumen zwischen den Mineralien, kann sich Sauerstoff befinden.

Sprudelsteine

Du brauchst:

- Tonscherben oder andere poröse Steine
- 1 flache Schale
- Wasser
- 1 Lupe

Und so wird's gemacht:

1. Fülle die Schale mit Wasser und lege die Tonscherben hinein.
2. Beobachte mit der Lupe, was passiert.

Was wird geschehen?

Auf den Tonscherben bilden sich Bläschen unter Wasser.

wie Lehm. Ganz oben an der Oberflache schwimmt der Humus, die oberste Bodenschicht.

Warum denn das?

Im Erde-Wasser-Gemisch sinken die Bodenteilchen in Abhängigkeit von ihrem Gewicht schneller oder langsamer ab. Schwere Teilchen (z. B. Sand) setzen sich deshalb ganz unten ab, leichtere (z. B. Humus) schwimmen oben an der Oberfläche.

Ganz schön schlammig!

Du brauchst:

- 2 leere, saubere Marmeladengläser mit Deckel
- 2 Bodenproben
- Wasser

Und so wird's gemacht:

1. Fülle jedes Glas halbvoll mit einer Bodenprobe.
2. Eines der beiden Gläser füllst du mit Wasser fast randvoll auf.
3. Verschließe die Gläser fest und schüttle sie gut durch.
4. Lass die Gläser einige Stunden stehen.

Was wird geschehen?

In einem Glas tut sich gar nichts. In dem mit Wasser aufgefüllten Glas entsteht eine Schichtung der Bodenbestandteile: Ganz unten haben sich grobe Sandkörner abgesetzt, dann folgt eine Schicht aus feineren Bodenteilchen

Was wird geschehen?

Die Flüssigkeitssäule steigt bei Erwärmung an, bei Abkühlung sinkt sie ab.

Warum denn das?

An warmen Orten erwärmt sich die Luft in der Flasche und dehnt sich aus. Dabei drückt sie auf das Wasser, das nun in den Strohhalm ausweicht. Bei Abkühlung zieht sich die Luft wieder zusammen, das Wasser sinkt nach unten.

Dein eigenes Thermometer

Du brauchst:

- 1 Glasflasche
- Wasser, mit Tinte oder Lebensmittelfarbe gefärbt
- Filzstifte
- Knete
- 1 Trinkhalm (möglichst durchsichtig)
- Schere
- 1 Stück Karton

Und so wird's gemacht:

1. Gieße die Flasche zu ¾ mit dem Wasser voll.
2. Tauche den Trinkhalm ein und befestige ihn mit Knete am Flaschenhals, so dass keine Luft entweicht.
3. Blase in den Halm, bis das Wasser über der Knete steht.
4. Falte den Karton mittig, schneide 4 Schlitze hinein und stecke ihn auf die Röhre.
5. Markiere darauf den Pegel.
6. Stelle dein Thermometer in die Sonne.

Warum denn das?

Schneeflocken sind gefrorene Regentropfen, die im Eiszustand Kristalle bilden. Frisch gefallener Schnee ist eine pulverartige Masse aus locker gepackten Schneeflocken, die aus einzelnen Schneekristallen zusammengesetzt sind. Man bezeichnet ihn manchmal auch als Pulverschnee. Wenn die gefallenen Schneeflocken altern, bauen sich ihre Kristalle ab. Die Schneeflocken verdichten sich und gehen in eine körnige Form des Schnees über. So verdichtet sich der Schnee in eine immer dichtere Form, die man als Altschnee oder Firn bezeichnet. Durch weitere Überdeckung und Alterung bildet sich schließlich Gletschereis.

Schneegestöber

Du brauchst:

- Schneeflocken
- 1 Lupe

Und so wird's gemacht:

1. Versuche bei einem Schneegestöber einzelne Schneeflocken aufzufangen.
2. Betrachte sie unter der Lupe.

Was wird geschehen?

Du erkennst, dass Schneeflocken aus einzelnen Schneekristallen zusammengesetzt sind.

beobachte dabei das Lichtquadrat an der Wand.

Was wird geschehen?

Das Quadrat bewegt sich, wenn du schreist.

Warum denn das?

Die Ballonhaut nimmt die Vibration deiner Stimme auf und beginnt zu schwingen. Der aufgeklebte Spiegel schwingt mit, das reflektierte Licht an der Wand bewegt sich mit deinen Geräuschen.

Sichtbare Schallwellen

Du brauchst:

- 1 leere Konservendose
- 1 Dosenöffner
- 1 Luftballon
- 1 Schere
- 1 Gummiring
- 1 Spiegelscherbe oder ein Stück Alufolie
- Klebstoff
- 1 Wand

Und so wird's gemacht:

1. Schneide mit dem Dosenöffner den Boden der leeren Konservendose aus.
2. Spanne die Haut des Luftballons über eine Öffnung der Dose und fixiere sie mit dem Gummiring.
3. Klebe eine kleine quadratische Spiegelscherbe oder Alufolie auf die Ballonhaut.
4. Versuche mit dem Spiegel Sonnenlicht aufzufangen und bewege die Dose so, dass das Licht an der Wand zu sehen ist.
5. Schrei laut in die freie Öffnung der Dose und

Warum denn das?

Wird das Salz auf den Schneematsch gestreut, löst es sich teilweise und entzieht der Umgebung Wärme. Die Salzlösung wird zunächst kälter, kann aber nicht gefrieren, da ihr Gefrierpunkt weit unter 0° C liegt. Da der tauende Schnee aber nach und nach Schmelzwasser bildet, verdünnt sich die kalte Salzlösung. Durch die Verdünnung steigt der Gefrierpunkt des Salz-Wasser-Schnee-Gemisches wieder an. Deshalb beginnt der Schnee nun ab einem bestimmten Punkt wieder zu gefrieren. Ob Schneematsch durch Streusalzzugabe gefriert, ist also eine Frage der Dosierung.

Schneezement

Du brauchst:

- Schneematsch (schmelzender Schnee)
- 1 Schüssel
- (Streu-) Salz

Und so wird's gemacht:

1. Fülle die Schüssel mit Schneematsch und lass ihn draußen bei Sonnenschein stehen.
2. Streue Salz darauf.

Was wird geschehen?

Der Schnee beginnt nach einiger Zeit zu gefrieren.

Warum denn das?

Das Salz löst sich in dem kleinen Anteil Wasser, der im Eis und Schnee immer vorhanden ist. Dabei drängen sich die Wassermoleküle zwischen die Salzteilchen, die Salzlösung verliert Energie, sie wird kälter und kann Temperaturen unter -10° C erreichen. Die Salzlösung gefriert, aber nicht schon bei 0° C wie reines Wasser oder bei -10° C, sondern erst bei wesentlich tieferen Temperaturen. Durch Salzstreuen kann man somit Glatteisbildung verhindern.

Streusalz gegen Glatteis

Du brauchst:

- 1 Plastikteller mit Schnee
- (Streu-) Salz

Und so wird's gemacht:

1. Drücke den Schnee auf dem Teller platt und lass ihn bei Temperaturen weit unter 0 °C über Nacht draußen stehen. (Der Schnee wird zu Eis gefrieren.)
2. Streue (Streu-) Salz auf den gefrorenen Schnee.

Was wird geschehen?

Der Schnee taut an der Oberfläche an und gefriert nicht mehr.

Warum denn das?

Früchte sind Organe von höheren Pflanzen, die den Samen umschließen. Man könnte Früchte auch „Blüten im Zustand der Samenreife“ nennen. Kron- und Staubblätter sowie der Griffel sind im Fruchtstadium allerdings abgefallen.

Früchte-Rätsel

Du brauchst:

- Früchte verschiedener Pflanzen (z. B. Kastanien, Bucheckern, Eicheln, Walnüsse, Haselnüsse, Erdnüsse, Ahornfrüchte, Äpfel, Pflaumen, Bohnen etc.)
- 1 scharfes Messer

Und so wird's gemacht:

Betrachte die Früchte von außen und schneide sie auf.

Was wird geschehen?

Du siehst, dass jede Frucht mindestens einen Samen hat, der durch die Schale geschützt wird.

Warum denn das?

Wasser dehnt sich beim Abkühlen unter 4° C aus. Der Druck des ausgedehnten, gefrorenen Wassers (Eises) ist so groß, dass die Glasflasche platzt.

Sprengkraft

Du brauchst:

- 1 kleine Glasflasche, randvoll mit Wasser gefüllt
- eiskaltes Wetter

Und so wird's gemacht:

Stelle die Flasche bei 0° C in eine Gartenecke und lass sie dort über Nacht stehen.

Was wird geschehen?

Am nächsten Tag ist die Flasche zerbrochen.

Warum denn das?

Iglus sind kuppelförmig gebaute Hütten der Inuit in Grönland und Alaska. Sie werden aus Schneeblöcken gebaut und reflektieren Licht und Wärme zu 75 %. Weil außerdem die Außentemperaturen sehr niedrig sind, schmilzt das Iglu nicht. Im Inneren liefern Lampen mit Tierfett als Brennstoff Licht und Wärme.

Mini-Iglu

Du brauchst:

- Schnee
- 1 Teelicht
- Streichhölzer

Und so wird's gemacht:

1. Forme draußen im Garten oder auf dem Balkon aus Schnee eine kuppelförmige Höhle und setze das Teelicht hinein.
2. Zünde das Teelicht an.

Was wird geschehen?

Es entsteht ein Mini-Iglu, das von der Flamme des Teelichts innen erwärmt und beleuchtet wird. Das Iglu schmilzt nicht, wenn der Abstand zwischen der Flamme und der Höhlendecke groß genug ist.

Was wird geschehen?

Scheint die Sonne auf die Folie, werden sich nach ein paar Stunden an der Innenseite Wassertröpfchen bilden, die zusammenlaufen und schließlich in das Glas tropfen.

Warum denn das?

Selbst scheinbar trockene Erde kann Wasser enthalten. Die Sonnenstrahlen erwärmen durch die Folie hindurch die Erde. Das in der Erde enthaltene Wasser verdunstet und schlägt sich innen an der Folie nieder.

Wasser in der Wüste?

Du brauchst:

- 1 leeres Marmeladenglas
- durchsichtige Plastikfolie
- mehrere große Steine
- 1 Schaufel

Und so wird's gemacht:

1. Grabe an einer sonnigen Stelle ein tiefes Loch in den Erd- oder Sandboden.
2. Stelle das Glas in das Loch.
3. Spanne die Plastikfolie über das Loch und beschwere sie am Rand mit mehreren Steinen und dichte außerdem ihre Außenränder mit Erde ab.
4. Lege in die Mitte der Folie einen kleinen Stein, sodass sie etwas durchhängt.

Warum denn das?

Druck und tiefe Temperaturen haben die locker gepressten Schneekristalle zusammengepresst und in eine feste Masse umgewandelt.

Eisball

Du brauchst:

- Schnee
- 1 Gefrierfach

Und so wird's gemacht:

1. Forme aus Schnee einen festen, harten Ball.
2. Lasse den Schneeball leicht anschmelzen und lege ihn für 30 Minuten ins Gefrierfach oder bei Frosttemperaturen ins Freie.

Was wird geschehen?

Der Schneeball verwandelt sich in einen Eisball, in einen Minigletscher.

Warum denn das?

Die Strahlungsenergie der Sonne erreicht die Erde. Sie erzeugt Wärme, bringt Schnee und Eis zum Schmelzen und wärmt den Sand auf.

Sonnenenergie

Du brauchst:

- Schnee oder Eis aus der Gefriertruhe
- Sand
- Sonnenschein
- 2 Untersetzer

Und so wird's gemacht:

1. Schütte in einen Untersetzer Sand, in den anderen Schnee oder Eis aus der Gefriertruhe.
2. Stelle beide Untersetzer in die Sonne.

Was wird geschehen?

Schnee und Eis werden schmelzen und sich in flüssiges Wasser verwandeln, Sand und Erde werden sich (leicht) erwärmen.

Was wird geschehen?

Das Eis schmilzt, Wasser, Sand und Kies rutschen den Abhang hinab. Es bleibt eine Sand-Kies-Spur zurück, eine „Gletschermoräne“.

Warum denn das?

Gletscher nennt man Eismassen im Gebirge, die, wenn sie schmelzen, ins Tal hinabgleiten, dabei Gestein und Erdreich vor sich herschieben und ablagern.

Gletscher

Du brauchst:

- 1 Partybecher
- Sand
- kleine Kieselsteine
- Wasser
- 1 Brett
- 1 stabile Unterlage
- 1 Hammer
- 1 dicken Gummiring
- 1 Nagel
- 1 Eisfach

Und so wird's gemacht:

1. Fülle den Becher 2 cm mit Sand und Kiesel. Gieße ihn ¾ mit Wasser auf.
2. Stelle den Becher über Nacht ins Eisfach. Fülle ihn dann randvoll und stelle ihn erneut kalt.
3. Schlage einen Nagel in ein Brettende. Baue aus Brett und Unterlage einen Abhang.
4. Lass den Becher antauen, bis das Eis aus dem Becher gleiten kann. Stelle ihn oben auf das Brett und befestige ihn mit dem Gummiband am Nagel.

Was wird geschehen?

Nach wenigen Tagen wird sich das Teich-, später auch das Trinkwasser grün verfärben. Nur das destillierte Wasser bleibt klar.

Warum denn das?

In nährstoffreichem Wasser vermehren sich bei Sonnenlicht winzige Algen, die den Blattfarbstoff Chlorophyll enthalten. Sie färben das Wasser grün. Da destilliertes Wasser nährstoffarm ist, kann hier keine Pflanze wachsen und somit auch keine Alge.

Grün, grüner, am grünsten

Du brauchst:

- 3 saubere Marmeladengläser
- Leitungswasser
- Teichwasser
- 1 alten Teelöffel
- destilliertes Wasser
- flüssigen Dünger
- Haushaltsetiketten und Filzstift

Und so wird's gemacht:

1. Fülle je ein Glas mit Trinkwasser, destilliertem Wasser und Teichwasser.
2. Füge zum Trinkwasser und destilliertem Wasser einen Teelöffel Teichwasser dazu.
3. Gieße zum Teich- und Trinkwasser einige Tropfen Flüssigdünger.
4. Beschrifte die Gläser mit Etiketten und stelle sie in die Sonne.

Warum denn das?

In ausgebauten Bächen findest du nur wenige Tiere. Da das Wasser oft schnell fließt, finden hier Insektenlarven, Wasserkäfer, Flohkrebse, Würmer und andere Wirbellose keinen Unterschlupf und werden von der Strömung weggeschwemmt. In naturnahen Bächen mit u.a. ins Wasser hängenden Wurzeln, steinigem Grund und sauberem Wasser leben dagegen viele Arten. Sie sind wichtig für die Selbstreinigung des Bachs, denn sie fressen z.B. abgestorbene Pflanzenreste.

Wer tummelt sich wo?

Du brauchst:

- 1 Sieb
- 1 Lupe
- 1 flache Plastikwanne
- 1 Bach mit steinigem Grund und naturnahem Ufer
- 1 ausgebauten Bach mit betoniertem Bachbett

Und so wird's gemacht:

1. Versuche in jedem Bachtyp durch Umdrehen von Steinen möglichst viele Tierchen zu sammeln.
2. Vergleiche die Zahl der Tiere.

Was wird geschehen?

Im naturfernen, ausgebauten Bach entdeckst du nicht so viele und ganz andere Tierchen als im naturnahen Bach.

Was wird geschehen?

Die Raupen werden, wenn sie sich sicher in der neuen Umgebung fühlen, herumkrabbeln, fressen, wachsen und sich verwandeln.

Warum denn das?

Raupen ernähren sich von Blättern. Sie können wachsen, sich verpuppen und in Schmetterlinge verwandeln.

Raupenheim

Du brauchst:

- 1 Plastikgefäß mit Deckel
- 1 Sprühflasche
- Küchenpapier
- Musselin (luftdurchlässiger Stoff)
- Schere und Messer
- Raupen mit den Pflanzen, auf denen du sie gefunden hast

Und so wird's gemacht:

1. Lass dir von einem Erwachsenen den Deckelrand abschneiden.
2. Schneide den Musselin so zu, dass er den Behälter bedeckt.
3. Lege den Behälter mit Küchenrolle aus und besprühe ihn mit Wasser.
4. Lege Zweige hinein und setze die Raupen vorsichtig auf die Blätter.
5. Lege den Musselin über den Behälter und drücke ihn mit dem Plastikrahmen fest.
6. Wenn die Blätter verwelkt sind, musst du sie unbedingt ersetzen.

Warum denn das?

Vom Duft und den Farben angelockt, lassen sich die Bienen auf einer Blüte oder dem Zuckerwasser nieder. Mit ihren Geschmackshärchen an den Füßen erkennen sie, dass es sich um eine gute Futterquelle handelt. Sie fliegen zurück zu ihrem Bienenstock und melden den anderen durch Tänze, wo sich die Nahrungsquelle befindet. Welche Farbe ist die verlockendste?

Verlockend!

Du brauchst:

- verschiedenfarbiges Papier
- Zirkel
- Wasser
- mehrere Glasschalen
- Zucker
- sonniges Wetter ab April

Und so wird's gemacht:

1. Ziehe auf den Papieren mit dem Zirkel Kreise (Durchmesser ca. 15 cm) und schneide sie aus.
2. Fülle in jedes deiner Schalen Zucker und gieße Wasser darauf.
3. Lege die bunten Kreise draußen aus und stelle auf jeden Farbkreis eine Schale.

Was wird geschehen?

Einzelne Bienen werden herbeifliegen und das Zuckerwasser entdecken. Nach und nach kommen immer mehr Bienen.

Was wird geschehen?

Auf der Blumenwiese tummeln sich im Unterschied zum Parkrasen viele verschiedene Arten von Schmetterlingen. Die Gesamtzahl der Einzeltiere ist erheblich höher als auf dem Parkrasen.

Warum denn das?

Der Parkrasen ist als Lebensraum für Schmetterlinge nicht geeignet. Hier fehlen nämlich sowohl Raupenfutterpflanzen für die Eiablage als auch Blüten, an denen die Falter Nektar saugen können.

Faltervergleich

Du brauchst:

- Papier
- Bleistift
- 1 Wiese mit vielen bunten Blumen
- 1 kurz geschnittenen Rasen im Park

(ohne Blumen und Kräuter)

Und so wird's gemacht:

1. Setze dich an einem sonnigen, windstillen und nicht zu schwülen Tag ungefähr eine halbe Stunde lang zuerst auf eine bunte Blumenwiese, dann auf einen Rasen. Schreibe auf, wie viele Schmetterlinge und wie viele unterschiedliche Arten du auf beiden Flächen beobachten kannst.
2. Vergleiche die Zahl der Schmetterlinge.

Was wird geschehen?

Viele kleine Tierchen fallen in den Becher und können an der glatten Wand nicht wieder hochklettern. Du kannst sie vorsichtig herausholen und unter der Lupe beobachten.

Warum denn das?

Der Geruch des Köders wird verschiedene wirbellose Tierchen – vor allem Insekten und Spinnen – anlocken.

Bodenfallen

Du brauchst:

- 1 oder mehrere Partybecher
- 1 Schaufel
- 1 Holzplatte, ca. 20 x 30 cm groß
- 4 Steine pro Holzplatte
- verschiedene Köder wie Käsewürfel, in Essig getränkte Watte, Apfelstückchen, Erdnussbutter, Schokocreme, Wurststücke, in Wasser getränkten Würfelzucker
- 1 Becherlupe

Und so wird's gemacht:

1. Grabe im Wald oder in einer Gartenecke ein Loch in die Erde und stelle den Partybecher hinein. Der Rand muss ebenerdig abschließen.
2. Lege immer eine Ködersorte in einen eingegrabenen Partybecher.
3. Lege die vier Steine um den Partybecher und das Holzbrett als Regendach darüber.

Warum denn das?

Die Tiere werden durch den Geruch der Früchte angelockt. Im Inneren der Schale befindet sich noch viel Saft, der durch seine Feuchtigkeit ebenfalls eine Lockwirkung ausübt.

Früchtefalle

Du brauchst:

- 1/2 Grapefruit oder Orange, ausgehöhlt
- 1 alten, angefaulten Apfel
- 1 Becherlupe

Und so wird's gemacht:

1. Lege die Fruchthälften (mit der ausgehöhlten Seite nach unten) und den angefaulten Apfel im Freien auf den Boden.
2. Kontrolliere die Fruchthälften und den angefaulten Apfel einige Tage lang regelmäßig.

Was wird geschehen?

Im Inneren der Fruchtschalen haben sich verschiedene wirbellose Tierchen angesammelt, die du mit der Becherlupe beobachten kannst.

Warum denn das?

Hagel- und Graupelkörner sind gefrorene Regentropfen. Heftige Winde tragen die Regentropfen in kältere Luftschichten, wo sie zu Eis gefrieren. Wenn sie von dort mit dem Wind in noch kältere Eisschichten verweht werden, bildet sich eine weitere Eisschicht. Dieser Vorgang kann sich mehrmals wiederholen, bis die Hagelkörner zu schwer geworden sind und auf die Erde fallen.

„Durchschnittliches" Hagelkorn

Du brauchst:

- 1 Hagelkorn
- Zeitungspapier
- 1 Hammer
- 1 Lupe

Und so wird's gemacht:

1. Lege Zeitungspapier aus und lege das Hagelkorn darauf.
2. Schlage mit dem Hammer auf das Hagelkorn.
3. Nimm eine Lupe und betrachte das halbierte Hagelkorn.

Was wird geschehen?

Du erkennst, dass das Hagelkorn aus mehreren Ringen aufgebaut ist.

5. Drücke den Stift in die Knete und stelle den „Wetterhahn" in den Wind.

Was wird geschehen?

Der Trinkhalm dreht sich und bleibt in einer Richtung stehen.

Warum denn das?

Der Wind drückt den Karton am Trinkhalm zur Seite. Der Trinkhalm zeigt dorthin, wo der Wind herkommt.

Wetterhahn

Du brauchst:

- 1 Trinkhalm
- 1 Schere
- Karton
- 1 Stecknadel
- 1 Bleistift mit Radierer
- 4 verschiedene Buntpapiere
- Kleber
- 2 x 20 cm lange Drähte
- Knete
- 1 Kompass

Und so wird's gemacht:

1. Drücke eine Hand Knete auf einen Teller.
2. Ritze in den Trinkhalm eine 2,5 cm lange Kerbe. Schneide aus dem Karton ein Trapez und klebe es in die Kerbe.
3. Stecke die Stecknadel durch den Trinkhalm und in den Radierer des Bleistifts. Der Strohhalm sollte sich um seine Achse drehen können.
4. Wickle den Draht um den Stift. Richte die vier Enden mit dem Kompass in die Himmelsrichtungen aus. Markiere sie mit je einem Buntpapier.

Warum denn das?

Die Flasche ist nicht leer, sondern enthält Luft. Erst wenn man die Flasche schräg hält, sodass die Luft ausströmen kann, kann das Wasser den frei gewordenen Raum einnehmen.

Mit Luft gefüllte Flasche

Du brauchst:

- 1 leere Flasche
- 1 Eimer, mit Wasser gefüllt

Und so wird's gemacht:

Tauche die Flasche mit der Öffnung nach unten in den mit Wasser gefüllten Eimer.

Was wird geschehen?

Es dringt kein Wasser in die Flasche.

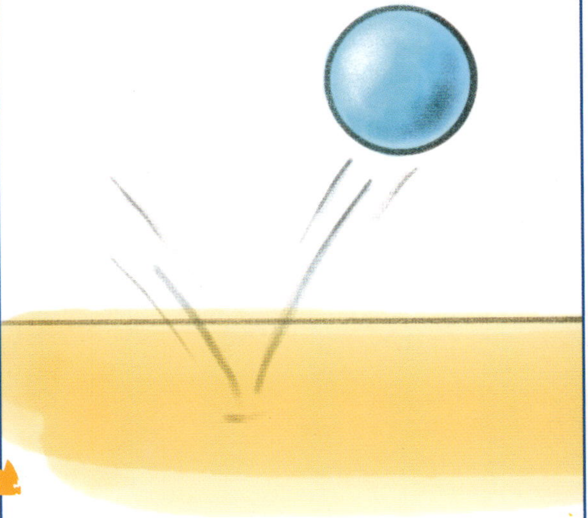

Warum denn das?

Wenn der Ball auf den Boden fällt, wird die Energie, die der Ball beim Fallen speichert, beim Aufprall sofort neu zum Hüpfen genutzt.

Hüpfball

Du brauchst:

- 1 Gummiball
- Bodenflächen (Gras, Stein, Holz, Teppich)

Und so wird's gemacht:

Lasse den Ball aus derselben Höhe (z.B. Augenhöhe) auf verschiedene Bodenflächen fallen. Achte darauf, wie gut und wie hoch er beim Aufprall springt.

Was wird geschehen?

Der Ball springt besonders gut auf Stein und Holz, auf Teppich und Gras hüpft er niedriger.

Warum denn das?

Die Kraft deiner Stoßbewegung hat auf den Ball eingewirkt, ihn in Bewegung versetzt und beschleunigt. Er hat sich so lange weiterbewegt, bis er von einer anderen Kraft gebremst wurde. Diese Kraft ist die Reibungskraft.

Rollfeld

Du brauchst:

- 1 Ball

Und so wird's gemacht:

Lasse den Ball langsam über eine glatte Fläche rollen.

Was wird geschehen?

Der Ball rollt, wird allmählich langsamer und bleibt schließlich liegen.

Was wird geschehen?

Die früher aufrecht (gerade) wachsenden Pflanzen krümmen sich und wachsen dann aufrecht weiter.

Warum denn das?

Die Wurzeln von Pflanzen wachsen immer zum Erdmittelpunkt hin, während die Sprosse aufrecht vom Erdmittelpunkt abgewandt wachsen.

Gut orientiert

Du brauchst:

- 2 junge Tomatenpflanzen im Topf
- 4 Backsteine
- 1 Wassersprühflasche

Und so wird's gemacht:

1. Lege eine Tomatenpflanze mit Topf auf die Seite, wie in der Abbildung gezeigt.
2. Schichte jeweils zwei Backsteine aufeinander und stelle die beiden „Türme" im Abstand von ca. 15 cm (bzw. im Durchmesser des Pflanztopfs) neben die auf der Seite liegenden Pflanze.
3. Stelle die zweite Tomatenpflanze kopfüber, d. h. mit den Trieben nach unten, auf die Backsteine, wie in der Abbildung gezeigt.
4. Besprühe die Erde beider Pflanztöpfe regelmäßig mit Wasser und beobachte das Wachstum der Pflanzen.

Warum denn das?

Farbe und Duft der Blüten locken viele Insekten an. Vor allem Bienen fliegen von Blüte zu Blüte und sammeln Blütensaft (Nektar).

Bienen bei der Arbeit

Du brauchst:

- sonniges Wetter (ab April)
- 1 blühenden Garten

Und so wird's gemacht:

Gehe hinaus in den Garten und beobachte längere Zeit die blühenden Pflanzen (vor allem Wildpflanzen).

Was wird geschehen?

Auf einigen Blüten tummeln sich Wildbienen und andere Insekten.

Warum denn das?

Die hängenden Würstchen sind die Blütenstände dieser Bäume, die man als Kätzchen bezeichnet. Sie bestehen aus mehreren kleinen, unscheinbaren Einzelblüten.

Gepflückte Kätzchen

Du brauchst:

- Weiden (oder Pappeln, Haselnusssträucher, Erlen)

Und so wird's gemacht:

1. Versuche, die entsprechenden Bäume zu finden, indem du ihre Blätter bestimmst.
2. Suche einen kleinen Zweig ab, an dem sich Blüten befinden.
3. Versuche, die Blüten zu zeichnen.

Was wird geschehen?

Die Blüten der Weiden, Pappeln, Haselnusssträucher und Erlen sehen ganz anders aus als Anemonen, Tulpen oder Narzissen. Man erkennt eigentlich nur kleine, hängende Würstchen.

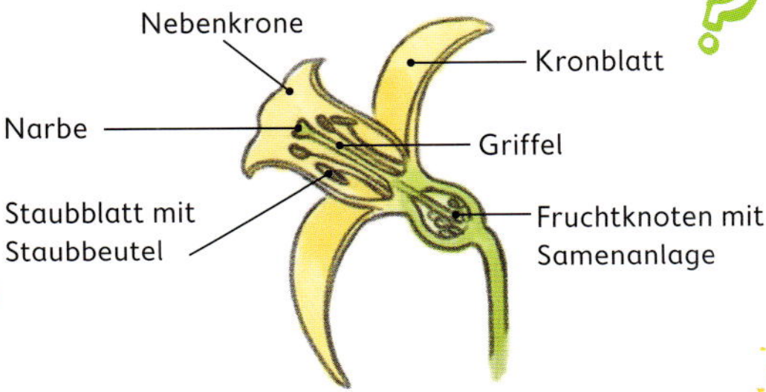

Warum denn das?

Blüten bestehen meist aus Kelch- und Kronblättern, die kreisförmig um den so genannten Blütenboden angeordnet sind. Kelchblätter, die sich von den Kronblättern unterscheiden, besitzt die Narzisse allerdings nicht. Das weibliche Fortpflanzungsorgan ist der Fruchtknoten mit Narbe und Griffel, als männliche Fortpflanzungsorgane dienen die Staubblätter mit Staubbeutel und Staubfaden. Der Blütenstaub (Pollen) wird durch Wind, Wasser oder Tiere (z. B. Bienen oder andere Insekten) verbreitet. Staubblätter und Fruchtknoten reifen bei vielen Pflanzen zu unterschiedlichen Zeiten. Damit wird gewährleistet, dass jede Blüte nicht von ihrem eigenen, sondern vom Blütenstaub einer anderen Pflanze derselben Art befruchtet wird.

Narzissenblüte

Du brauchst:

- 1 Blume mit Blüte
- 1 Lupe

Und so wird's gemacht:

Zerlege die Blüte in ihre einzelnen Bestandteile und betrachte sie mit der Lupe.

Was wird geschehen?

Du erkennst Kronblätter, Nebenkrone, Blütenboden, Fruchtknoten, Griffel und Staubblätter.

Warum denn das?

Moose und Farne haben keine Blüten, sondern vermehren sich durch Sporen. Bei den Farnen entwickeln sich Sporen an der Unterseite älterer Farnwedel. Hier erkennt man (vor allem im Sommer) kleine Sporenhäufchen, die wie rostige Nägel aussehen. Bei den Moosen kann man an den Spitzen einzelner Pflänzchen blütenähnliche Köpfchen erkennen, aus denen sich eine Sporenkapsel entwickelt. Aus den Sporen keimen neue Pflänzchen heran. Nadelgehölze wie die Tanne haben keine echten Blüten, sondern Zapfenblüten. Bei ihnen entwickeln sich die Samen auf den Schuppen der Zapfen.

Es grünt so grün...

Du brauchst:

- Moos
- Farne
- Tannenzweige
- Waldblumen (z. B. Anemonen)

Und so wird's gemacht:

Betrachte die gesammelten Pflanzen und suche nach Blüten.

Was wird geschehen?

Moose und Farne scheinen keine Blüten zu besitzen. An den Tannenzweigen hängen Zapfen. Nur die Waldblumen tragen eine Blüte.

Warum denn das?

Die Lichtstrahlen der Sonne werden durch die Linse in einem Punkt, dem Brennpunkt, gebündelt. Hier haben sie eine so hohe Dichte erreicht, dass sich das Papier stark erhitzt und zu brennen beginnt. Ausgelöst wird das Brennen des Papiers von der langwelligen Infrarotstrahlung des Sonnenlichts. Wenn man genau hinsieht, erkennt man auf dem Papier, bevor es anfängt zu brennen, ein kleines, sehr helles Abbild der Sonne.

Brennglas

Du brauchst:

- 1 Lupe
- schwarzes Papier

Und so wird's gemacht:

1. Halte die Linse der Lupe und das schwarze Papier ins Sonnenlicht, sodass die Lichtstrahlen der Sonne darauf sichtbar sind.
2. Verändere den Abstand zwischen Papier und Linse, bis auf dem Papier ein winziger, strahlender Punkt erscheint.

Was wird geschehen?

Das schwarze Papier beginnt zu rauchen und in wenigen Stunden ist ein winziges Loch eingebrannt.

Warum denn das?

Nachts lassen sich mit bloßem Auge am Himmel ungefähr 5.000 Einzelsterne zählen, mit dem Teleskop kann man bis zu 100 Milliarden Sterne erkennen. Tagsüber stehen die Sterne an derselben Stelle am Himmel. Weil sie von der Sonne überstrahlt werden, kannst du sie dann aber nicht wahrnehmen. Das helle Band am Himmel ist unsere Milchstraße (griechisch: Galaxis), eine Anhäufung von vielen, besonders weit entfernt liegenden Sternen.

Weißt du wieviel Sternlein stehen...

Du brauchst:

- 1 wolkenlose Nacht

Und so wird's gemacht:

Schaue in einer wolkenlosen Nacht in den Himmel.

Was wird geschehen?

Du siehst den Mond, die Sterne und in besonders klaren Nächten ein unregelmäßiges, helles Band, das sich quer über den Himmel zieht.

Warum denn das?

Die Wassermoleküle wurden durch Erwärmung in Bewegung versetzt. Im offenen Gefäß hat sich ein Teil der Wassermoleküle als Wasserdampf (Dunst) in die Luft verflüchtigt. Diesen Vorgang nennt man Verdunstung. Gäbe es keine Verdunstung, so würden die Pfützen nach einem Regen nicht verschwinden und du müsstest das ganze Jahr Gummistiefel tragen, um keine nassen Füße zu bekommen.

Wasser verschwindet

Du brauchst:

- 2 gleich große Marmeladengläser
- 1 Deckel
- Wasser

Und so wird's gemacht:

1. Fülle in beide Gefäße gleich viel Wasser.
2. Verschließe eines der beiden Gläser mit dem Deckel.
3. Stelle beide Gefäße an einen sonnigen Platz und lasse sie dort einen Tag und eine Nacht lang stehen.

Was wird geschehen?

Im verschlossenen Gefäß befindet sich mehr Wasser als im offenen.

Warum denn das?

Im leeren Becher befindet sich Luft (d. h. ein Gasgemisch), in dem mit Wasser gefüllten Becher eine Flüssigkeit. Im dritten Becher befinden sich Steine, also feste Gegenstände. Flüssigkeiten und Gase haben im Unterschied zu Festkörpern keine feste Form und lassen sich deshalb durch Druck in ihrer Form verändern.

Fest, flüssig, gasförmig

Du brauchst:

- 3 Partybecher aus Pappe oder Plastik
- Wasser
- Kies

Und so wird's gemacht:

1. Fülle einen Becher mit Wasser, stopfe den zweiten so dicht wie möglich mit Kies aus, der dritte Becher bleibt leer.
2. Versuche jeden der drei Becher zusammenzudrücken.

Was wird geschehen?

Der leere Becher und der mit Wasser gefüllte lassen sich zusammendrücken; indem du sie quetschst, verändern sie ihre Form. Der mit Kies gefüllte Becher bleibt starr, er lässt sich nicht oder kaum zusammendrücken.

Warum denn das?

Die durch Wärmezufuhr in Bewegung versetzten Wassermoleküle können auf einer größeren Oberfläche schneller in die Luft steigen und verdunsten als in einer hohen Flasche mit schmaler Öffnung. Das heißt z. B., dass kleine, tiefe Pfützen in deinem Garten langsamer trocknen als flache, große.

Die Blitz-Verdunstung

Du brauchst:

- 1 Messbecher
- 1 Suppenteller
- 1 Flasche
- Wasser

Und so wird's gemacht:

1. Fülle mit dem Messbecher eine bestimmte Menge Wasser ab und gieße es in die Flasche.
2. Miss noch einmal dieselbe Menge ab und gieße sie in den Suppenteller.
3. Stelle Teller und Flasche an einen sonnigen Platz.
4. Am nächsten Tag misst du mit dem Messbecher die in Flasche und Teller übrig gebliebene Menge Wasser ab.

Was wird geschehen?

Im Suppenteller befindet sich weniger Wasser als in der Flasche.

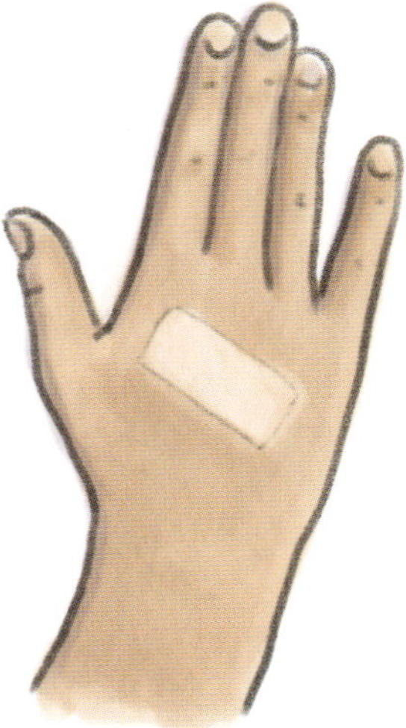

Warum denn das?

Die Sonnenstrahlen haben deine Haut erreicht und an den ungeschützten Stellen die Pigmentbildung angeregt, die Haut nimmt eine bräunliche Färbung an. Weil der Schweiß, den die Haut bei Überhitzung abgibt, wegen des Pflasters nicht verdunsten kann, wird die Haut feucht und runzelig.

Farbige Haut

Du brauchst:

- mehrere Pflaster

Und so wird's gemacht:

1. Klebe das Pflaster an der Hand (z.B. an einem Finger) fest.
2. Erneuere es, wenn es schmutzig ist.
3. Setze deine Hand mehrere Tage ungeschützt dem Sonnenlicht aus. Wenn die Sonne schon sehr stark ist, musst du dich allerdings mit Sonnencreme eincremen, um einen Sonnenbrand zu vermeiden.
4. Nimm dann dein Pflaster ab!

Was wird geschehen?

Die Haut ist an der Stelle, an der das Pflaster klebte, ganz weiß, die übrige Haut leicht gebräunt. Die Haut unter dem Pflaster wird ganz runzelig.

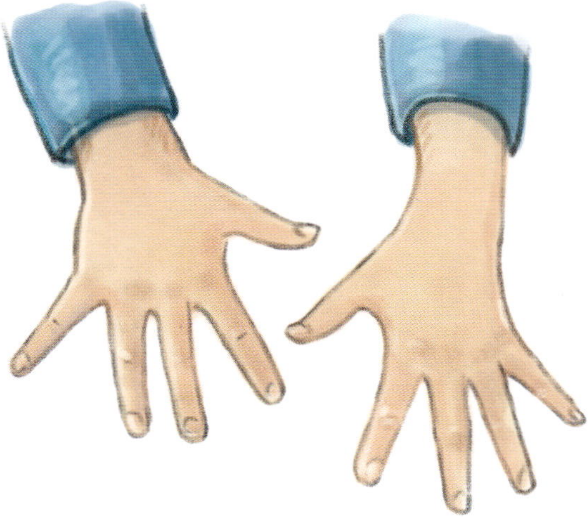

Warum denn das?

Die Lichtstrahlen der Sonne treffen auf deiner Haut auf und werden größtenteils in Wärme umgesetzt.

Sonnenwärme

Du brauchst:

- kaltes Leitungswasser oder Schnee

Und so wird's gemacht:

1. Lasse kaltes Leitungswasser einige Minuten lang über deine Hände laufen oder reibe sie mit Schnee ein, bis sie abgekühlt sind.
2. Halte deine Hände eine Zeit lang in die Sonne.

Was wird geschehen?

Deine Hände werden sehr schnell wieder warm.

Warum denn das?

Nadelgehölze wie Kiefer, Tanne, Fichte, Zypresse, Mammutbaum und Eibe haben nadelförmige Blätter. Sie sind immergrün. Eine wasserdichte äußere Umhüllung, die Kutikula, schützt sie vor Austrocknung. Im Unterschied zu den Laubgehölzen, die Blüten und Früchte tragen, haben Nadelgehölze „Zapfenblüten". Aus diesem Grund werden die Nadelgehölze Nacktsamer genannt. Der Wind trägt den Blütenstaub vom männlichen zum weiblichen Zapfen, in dem die Befruchtung stattfindet.

Zapfenkönig

Du brauchst:

- Zapfen von Nadelbäumen (z. B. Fichte, Tanne, Kiefer)
- 1 Lupe

Und so wird's gemacht:

1. Sammle Zapfen.
2. Betrachte sie mit der Lupe und versuche möglichst viele Einzelheiten zu erkennen.

Was wird geschehen?

Du wirst feststellen, dass manche Zapfen fest geschlossen und manche leicht geöffnet sind. Das hängt mit der Feuchtigkeit zusammen.

Warum denn das?

Die Kerne (Nüsse) der Hagebutte jucken, da sie viele kleine und feine Härchen haben.

Gemeines Juckpulver

Du brauchst:

- reife Hagebutten
- 1 Messer
- 1 Teelöffel
- jemanden zum Ärgern

Und so wird's gemacht:

1. Schneide die Hagebutten mit dem Messer in der Mitte durch und kratze mit dem Teelöffel die Kerne heraus.
2. Streue die Kerne dem, den du ärgern willst, unauffällig in den Kragen.

Was wird geschehen?

Die Person wird sich kratzen, denn die Kerne (Nüsschen) jucken. Aber Vorsicht! Die Person wird dich zurückärgern wollen!

Was wird geschehen?

Nach einigen Tagen schlängeln sich die weißen Triebe der Kartoffel durch das Labyrinth bis zum Loch nach draußen. Hier, im Licht, färben sich die Triebe grün und bilden Blätter aus.

Warum denn das?

Ein Spross wächst immer dem Licht entgegen, denn nur durch absorbiertes Licht kann sich der für die Ernährung der Pflanze wichtige Fotosyntheseapparat ausbilden.

Kartoffellabyrinth

Du brauchst:

- 1 Schuhkarton mit Deckel
- Pappe
- 1 kleines, flaches Plastikgefäß, mit Erde gefüllt
- 1 alte Kartoffel mit Trieben
- Klebeband

Und so wird's gemacht:

1. Lege eine Kartoffel mit dem Trieb nach oben in das mit Erde gefüllte Plastikgefäß. Stelle das Gefäß dann in eine Ecke des Schuhkartons.
2. Baue im Schuhkarton aus Pappe und Klebeband ein Labyrinth.
3. Bohre an die vom Gefäß am weitesten entfernte Längswand ein Loch (Durchmesser ca. 3 cm).
4. Schließe den Deckel und stelle ihn an einen sonnigen Ort.

Warum denn das?

Das Rotkohl-Papier verfärbt sich in sauren Flüssigkeiten rosa, in basischen Flüssigkeiten grün. Das Kurkuma-Papier färbt sich in sehr sauren Lösungen gelb, in basischen rötlichbraun. Backpulverlösung ist eine Lauge, Zitronensaft eine Säure. Auch Wasser kann sauer oder basisch reagieren – das muss man manchmal testen, um die Wasserqualitat eines Flusses oder Sees festzustellen.

Wasserspiele

Du brauchst:

- mehrere Pappbecher
- Teichwasser
- Regenwasser
- Leitungswasser
- Pfützenwasser
- Spülwasser
- Backpulver, in Wasser aufgelöst
- Zitronensaft
- Indikatorpapier (Kurkuma- oder Rotkohl-Papier)

Und so wird's gemacht:

1. Gieße in jeden Pappbecher eine Flüssigkeit, die du testen willst.
2. Tunke in jeden Pappbecher einen Streifen Indikatorpapier.

Was wird geschehen?

Die Indikator-Papierstreifen verfärben sich sehr unterschiedlich.

Warum denn das?

Die Abfälle werden von Insekten und anderen wirbellosen Tieren zerkleinert. Fäulnis- und Schimmelpilze und andere Mikroorganismen bauen die Pflanzenreste gleichzeitig weiter ab. Es entsteht Humus. In ihm sind viele Nährstoffe enthalten, die die Pflanze zum Wachsen braucht. Humus ist deshalb ein guter Dünger, der das Wachstum von Pflanzen begünstigt.

Selbstgemachte Erde

Du brauchst:

- Gemüse- und Obstreste (Küchenabfälle)
- 1 Holzkiste

Und so wird's gemacht:

1. Stelle die Kiste in den Garten oder in den Hinterhof.
2. Fülle die Kiste nach und nach mit organischem Material (Gemüse-, Obstreste). Lasse mit Pestiziden behandelte Orangen- und Bananenschalen dabei weg.

Was wird geschehen?

Die Abfälle faulen und nach vielen Wochen hat sich Humus gebildet.

Warum denn das?

Steine bestehen aus Mineralien. Manche Mineralien enthalten nur ein Element, die meisten bestehen aber aus Verbindungen mehrerer Elemente. In die weichsten Mineralien, Talk und Gips, kann man sogar mit dem Fingernagel ritzen. Das härteste Gestein, das es gibt, ist der Diamant. In ihn kann man mit anderen Mineralien nicht ritzen, aber er selbst ritzt alle anderen Mineralien.

Steinsammler

Du brauchst:

- viele Steine aus unterschiedlichen Gegenden

Und so wird's gemacht:

1. Nimm aus deiner Steinsammlung der Reihe nach jeden Stein in die Hand.
2. Versuche mit einem Stein in den anderen zu ritzen.

Was wird geschehen?

Die Steine sind nicht alle gleich hart.
Mit einem besonders harten Stein kannst du in weichere ritzen.

Warum denn das?

Die in der trockenen Erde enthaltenen Gase aus der Luft steigen ins Wasser auf. Beim Abkochen entweichen die im Wasser gelösten Gase aus der Luft. Die Luftbläschen im Glas stammen daher eindeutig aus der Erde.

Luft im Boden

Du brauchst:

- 1 leeres, sauber gewaschenes Marmeladenglas
- 1/2 Tasse Erde (Bodenprobe oder Blumenerde)
- 1 Tasse abgekochtes Wasser, abgekühlt
- 1 Lupe

Und so wird‘s gemacht:

1. Fülle die Erde in das Marmeladenglas.
2. Gieße das Wasser darüber.

Was wird geschehen?

Oben auf der Erdschicht bilden sich kleine Bläschen, die man mit der Lupe erkennen kann.

Warum denn das?

Tiere, die lange Zeit im Eis eingefroren waren, sind oft Tausende von Jahren später noch gut erhalten. Entdeckt man diese bei uns inzwischen längst ausgestorbenen Tiere (wie z. B. das Mammut) und befreit sie aus dem Eis, können sie wissenschaftlich untersucht werden.

Eisgeschenk

Du brauchst:

- 1 Plastikgefäß
- 1 Plastikfigur

Und so wird's gemacht:

1. Lege die Figur in das Gefäß und fülle es mit Wasser auf.
2. Stelle das Gefäß über Nacht ins Gefrierfach oder draußen bei Frosttemperaturen in den Garten.
3. Hole das Gefäß wieder aus dem Gefrierfach, lasse außen etwas warmes Wasser darüber laufen.

Was wird geschehen?

Das gefrorene Eis lässt sich aus der Form lösen, die Plastikfigur befindet sich im Eisblock.

Was wird geschehen?

Das Pappkreuz dreht sich.

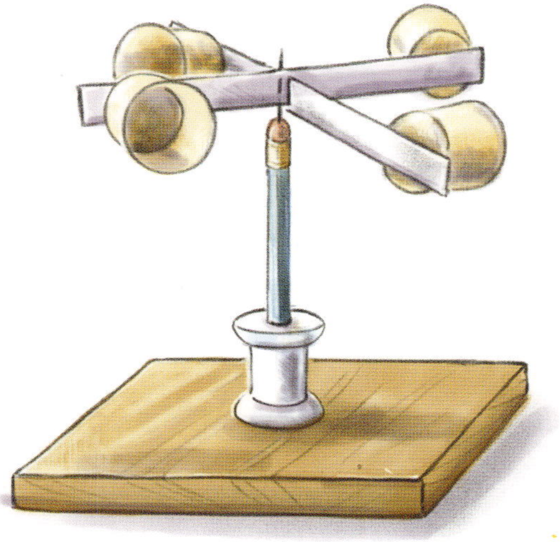

Warum denn das?

Die Windkraft fängt sich in den Bechern und versetzt sie in Bewegung. Die Windgeschwindigkeit ist umso höher, je öfter sich das Kreuz pro Minute dreht.

Astreiner Windmesser

Du brauchst:

- kräftige Pappe
- 1 Schere
- 4 Pappbecher
- 1 Stopfnadel
- 1 kurzen Bleistift mit Radiergummi
- 1 leere Garnspule
- 1 Holzbrett
- Klebeband
- Klebstoff
- Knete

Und so wird's gemacht:

1. Klebe die Garnspule auf das Holzbrett.
2. Schneide zwei Pappstreifen in der Größe von 5 x 45 cm. Schneide je einen Schlitz in die Mitte und stecke sie wie ein Kreuz ineinander.
3. Bohre die Nadel durch die Mitte des Kreuzes.
4. Verkürze jeden Becher zur Hälfte und klebe sie an die Enden des Kreuzes.
5. Drücke das Nadelöhr des Kreuzes in den Radiergummi des Bleistifts. Stecke diesen in die Mitte der Garnrolle und stabilisiere ihn mit Knete.
6. Stelle den Windmesser in den Wind.

Warum denn das?

In den unteren Wasserschichten ist der Wasserdruck höher als in den oberen. Das Wasser schießt deshalb unten mit höherer Geschwindigkeit weit heraus.

Wasserfall

Du brauchst:

- 1 leere Plastikflasche
- 1 spitzen Nagel
- Wasser
- Klebestreifen

Und so wird's gemacht:

1. Stich mit dem Nagel Löcher in vier verschiedenen Höhen in die Flasche.
2. Verschließe die Löcher sorgfältig mit Klebefilm.
3. Stelle die Flasche ins Wasch- oder Planschbecken und fülle sie mit Wasser.
4. Gehe nach draußen und entferne die Klebestreifen.

Was wird geschehen?

Aus jedem Loch strömt Wasser, aber in unterschiedlicher Stärke. Am weitesten spritzt das Wasser aus dem unteren Loch, das aus dem oberen am kürzesten.

Warum denn das?

Wasser hat aufgrund der Adhäsions- und Kohäsionskräfte das Bestreben, auch gegen die Gravitationskraft in feinen Spalten hochzusteigen. So erreicht das Grundwasser die Wurzeln der Pflanzen. In engen Spalten steigt das Wasser höher als in weiten. Auch in körnigem Material mit engen Poren (z. B. Feinsand) wandert es höher als in Material mit weiten Poren (z. B. Grobsand).

Gründlich nass

Du brauchst:

- 1 Reagenzglas
- feinen Sand
- groben Sand
- Gartenerde
- Watte
- Suppenteller, mit Wasser gefüllt

Und so wird's gemacht:

1. Fülle das Reagenzglas 1/3 mit feinem Sand, 1/3 mit grobem Sand und 1/3 mit Gartenerde. Stopfe dann Watte hinein, damit die Erde nicht herausfällt.
2. Stelle das Reagenzglas mit der Öffnung nach unten in den wassergefüllten Suppenteller.

Was wird geschehen?

Das Wasser steigt langsam nach oben. Es steigt umso weiter, je feinkörniger das Material ist.

Warum denn das?

Alle Materialien, selbst die härtesten Gesteine, verwittern und zerfallen irgendwann, wenn sie dem Wasser und den Gasen der Atmosphäre über lange Zeiträume ausgesetzt sind. Auch deine Zeitung wird irgendwann ganz verrottet sein.

Verwittert

Du brauchst:

- 1 Zeitung

Und so wird‘s gemacht:

1. Lege eine Zeitung eine Zeit lang ungeschützt ins Freie.
2. Schaue nach einigen Monaten nach, wie sie sich verändert hat.

Was wird geschehen?

Die Zeitung ist in Fetzen gerissen, vergilbt, brüchig und unleserlich.

teile, Steine, Kies und Sand entdecken. Kleine Tierchen, wie z. B. Regenwürmer und viele Insekten, leben im Boden. Außerdem gibt es Hohlräume zwischen den festen Bestandteilen, die mit Luft oder Wasser gefüllt sind. Deine beiden Bodentypen unterscheiden sich ziemlich.

Warum denn das?

Die Zusammensetzung von Boden ist vom Untergrundgestein, vom Klima, vom Pflanzenwuchs und von der Nutzung abhängig.

Projekt Erde

Du brauchst:

- 1 Spaten
- 2 Tüten
- Erde von zwei verschiedenen Orten (z. B. Wald und Acker)
- Zeitungspapier
- 1 Lupe

Und so wird's gemacht:

1. Grabe an beiden Orten tiefe Bodenlöcher und fülle von jedem Bodentyp etwas Erde in je eine Tüte.
2. Schütte die Erdproben getrennt voneinander auf Zeitungspapier und vergleiche sie.

Was wird geschehen?

Du erkennst in beiden Proben kleine Partikel, die man mit den Fingern zerdrücken kann. Du kannst auch kleine Pflanzenwurzeln, zersetzte Pflanzen-

Was wird geschehen?

Wenn die Blätter richtig gepresst und getrocknet wurden, bleiben sie lange erhalten und lassen sich nun mit Hilfe eines Fachbuchs bestimmen. Notiere den Artnamen (z.B. Rotbuche), das Funddatum, den Fundort und deinen Namen als Sammler.

Warum denn das?

Ein Blätter-Herbarium beweist, dass die betreffenden Baumarten am Fundort zu einem bestimmten Zeitpunkt gewachsen sind.

„Fliegende Blätter"-Sammlung

Du brauchst:

- Blätter verschiedener Laubbäume (z. B. Eiche, Ahorn, Buche, Ulme, Robinie)
- mehrere dicke Bücher
- Zeitungspapier
- Kleber, Locher, Ringordner

Und so wird's gemacht:

1. Sammle grüne und bunte Blätter von verschiedenartigen Laubbäumen.
2. Presse das schönste Blatt jeder Baumart zwischen Zeitungspapier und dicken Büchern.
3. Klebe die gepressten Blätter auf Tonpapier. Loche die beklebten Papierseiten und bewahre sie in einem Ringordner auf.

Was wird geschehen?

Nach ca. ein bis drei Tagen keimen die Feuerbohnen aus.

Warum denn das?

Im Pflanzensamen ist ein Keimling (Pflanzen-embryo) eingeschlossen. Zur Keimung braucht er Wasser, Luft (Sauerstoff) und Wärme. Die Kraft zum Wachsen bekommt er von den Nährstoffvorräten im Samen. Durch die Glasöffnung kannst du ihn beim Wachsen beobachten.

Riesenkeime

Du brauchst:

- Feuerbohnen
- Küchenpapier oder Papierservietten
- 1 Schere
- Zeitungspapier
- 1 Sprühflasche, mit Wasser gefüllt
- 1 leeres Marmeladenglas

Und so wird's gemacht:

1. Lege das Marmeladenglas an seiner Innenwand mit Küchenpapier aus und schneide die überstehenden Streifen mit der Schere ab.
2. Stopfe zerknülltes Zeitungspapier in das Innere des Glases.
3. Befeuchte Zeitungspapier und Küchenpapier mit der Wassersprühflasche.
4. Schiebe zwischen Glas und Papier ein paar Feuerbohnensamen.
5. Stelle das Glas an einen warmen, sonnigen Platz und besprühe das Papier jeden Tag regelmäßig mit Wasser aus der Sprühflasche.

Warum denn das?

Den Graspflanzen fehlt Licht, das sie zur Fotosynthese brauchen. Ohne die bei der Fotosynthese hergestellte Nahrung fehlt der Pflanze Energie für Wachstum und Entwicklung. Auch der grüne Blattfarbstoff Chlorophyll lässt sich nur unter Lichteinfluss bilden.

Farbloses Gras

Du brauchst:

- 1 Stück Karton
- 1 großen Stein
- Garten mit Rasen

Und so wird's gemacht:

1. Lege den Pappkarton auf den Rasen, beschwere ihn mit einem Stein.
2. Entferne nach einigen Tagen den Karton.

Was wird geschehen?

Der Rasen ist unter dem Karton hellgrün, fast weiß.